Créditos de publicación

Dona Herweck Rice, *Jefa de redacción*

Lee Aucoin, *Directora creativa*

Conni Medina, M.A.Ed., *Directora editorial*

Kristy Stark, M.A.Ed., *Editora principal*

Torrey Maloof, *Editora*

Caroline Gasca, M.S.Ed., *Editora educativa asociada*

Kristine Magnien, M.S.Ed., *Editora educativa asociada*

Neri Garcia, *Diseñador principal*

Stephanie Reid, *Investigadora de fotografía*

Rachelle Cracchiolo, M.S.Ed., *Editora comercial*

Créditos de imágenes

págs. 3, 9, 12, 22: iStockphoto; pág. 32: Getty Images; todas las demás imágenes de Shutterstock.

Teacher Created Materials

5301 Oceanus Drive
Huntington Beach, CA 92649-1030
http://www.tcmpub.com
ISBN 978-1-4333-5310-9
© 2013 Teacher Created Materials, Inc.

Índice

Querida familia:

¡Es un año de muchas emociones para su hijo de segundo grado! Su hijo está en camino de convertirse en lector. Probablemente ya domina numerosas aptitudes básicas de matemáticas. Los alumnos de segundo grado están preparados para explorar la ciencia y los estudios sociales más allá de sus conocimientos iniciales.

Su hijo de segundo grado ha vivido experiencias con otros niños, como por ejemplo relacionarse con otros en el patio y en el comedor. Esas experiencias facilitan la adaptación al segundo grado. Ahora usted puede esperar que su hijo sea un poco más independiente. Puede entablar amistades que duren toda una vida. Además, durante el año anterior usted seguramente aprendió la importancia de formar una alianza con el maestro de su hijo y de saber que puede acudir a él para pedir apoyo y hacer preguntas.

Esta guía del padre le dará más ideas probadas por los padres para ayudarle a su hijo en el aprendizaje. Desde consejos para organizar el material escolar hasta estrategias para incluir oportunidades de aprendizaje en su atareado día, aquí encontrará algunas ideas adecuadas para usted.

Una última idea...

Tenga en cuenta que su hijo de segundo grado todavía necesita que usted participe en gran parte de su proceso de aprendizaje. Usted sigue siendo el maestro más importante en la vida de su hijo. ¡Pero no se olvide de divertirse mientras tanto!

Formar
rutinas

Las mañanas pueden ser bastante agitadas. Hacer que todos se alimenten y se preparen para la escuela puede ser un desafío. ¡Tener que firmar papeles y terminar tareas a último momento puede hacer que las mañanas sean aún más agitadas! Si todavía no ha establecido una rutina, el comienzo de un nuevo año escolar es el momento perfecto para hacer algunos cambios.

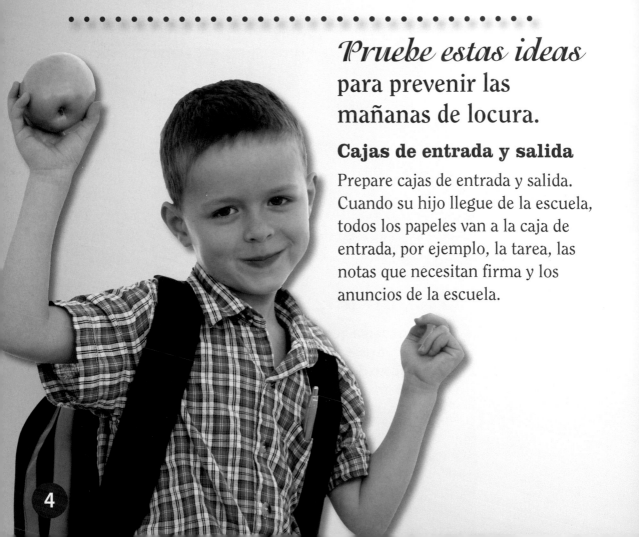

Pruebe estas ideas para prevenir las mañanas de locura.

Cajas de entrada y salida

Prepare cajas de entrada y salida. Cuando su hijo llegue de la escuela, todos los papeles van a la caja de entrada, por ejemplo, la tarea, las notas que necesitan firma y los anuncios de la escuela.

Momento de revisión

Fije una hora, por ejemplo, después de la cena, para revisar todos los papeles de la escuela. Al terminar, las tareas o las notas para la escuela pueden ir a la caja de salida.

Junta tus cosas

Junte los papeles de la caja de salida y déselos a su hijo para que los guarde en su mochila antes de acostarse. Todo estará listo para las carreras de la mañana.

Cree un programa

Con la ayuda de su hijo, prepare un programa de actividades. Hagan una lista de todas las actividades de su hijo, por ejemplo, hora de la tarea, hora de jugar, quehaceres domésticos y hora de acostarse. Ponga este programa en un lugar visible.

PROGRAMA

4:00	Refrigerio
4:30	Práctica de piano
5:00	Poner la mesa, alimentar al perro
5:30	Cena
6:30	Tarea y momento de lectura
7:00	Tiempo libre (después de la tarea)
7:30	Prepararse para ir a dormir

Una última idea...

Su hijo ya tiene edad para saber la hora. Deje que su hijo de segundo grado maneje el programa o que utilice un temporizador. En pocas palabras, trate de evitar esa pregunta tan molesta: "¿Ya es hora de merendar (de hacer la tarea, de leer, etc.)?"

Hora de la
tarea

Muchas escuelas tienen como guía aproximadamente 10 minutos de tarea por grado. Puede esperarse que su hijo de segundo grado haga 20 minutos de tarea todas las noches. Aunque su hijo no tenga tarea con regularidad, es hora de establecer rutinas.

Estos consejos ayudarán a su hijo de segundo grado a formar buenos hábitos de trabajo.

Cree un espacio de trabajo

Reúna elementos de trabajo, como hojas sueltas perforadas, lápices, papel de dibujo, crayones o marcadores, una regla, tijeras y un diccionario para niños.

Brinde apoyo

Observe el progreso, y ofrezca ayuda si es necesaria. Haga todo lo posible para que haya silencio durante la hora de la tarea.

Pruebe con tarjetas de estudio

Haga o compre tarjetas de estudio para practicar operaciones de suma y resta. Pruebe también practicar con "palabras visuales" (*sight words*).

Use un temporizador

Use un temporizador o un cronómetro para ver con qué rapidez su hijo resuelve las tarjetas de estudio. Luego, intercambie los roles.

Una última idea...

Si su hijo no tiene tarea, pídale que dedique tiempo a leer y escribir todos los días. ¡A los abuelos les encantaría recibir una carta de vez en cuando!

Querida abuela:

Me divertí mucho en tu casa. Me gustó el columpio de neumático.

Un beso,
Amy

Conversaciones
en familia

Si usted es un padre de familia que trabaja, querrá pasar la noche en silencio y conversar lo menos posible. Sin embargo, la hora de la cena brinda la oportunidad perfecta para reunirse y escuchar cómo estuvo el día de cada uno. Conversar con su hijo de segundo grado también es importante para el desarrollo de vocabulario.

¿Qué actividades especiales tuvieron hoy?

Fuimos a sacar libros de la biblioteca.

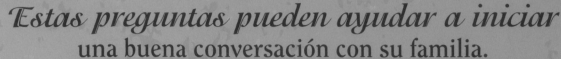

Estas preguntas pueden ayudar a iniciar
una buena conversación con su familia.

¿Cuál fue la mejor parte de tu día?

¿Tuviste algún problema hoy? ¿Cómo resolviste tu problema?

¿Sacaste algún libro bueno de la biblioteca?

Una última idea...

Si tiene una familia numerosa, asegúrese de que todos tengan la oportunidad de hablar sobre su día. Fomente el respeto y la atención al escuchar.

9

Inteligencia
para el sueño

Los niños de segundo grado necesitan dormir mucho. Su hijo debe levantarse temprano, así que debe acostarse temprano. Por supuesto que ellos quieren quedarse despiertos hasta tarde; sin embargo, usted debe imponerse y mantener una rutina que fomente el sueño.

Estos consejos ayudarán a su hijo de segundo grado a dormir lo suficiente.

Manténgase firme y constante todas las noches con respecto a la hora de ir a la cama. Use un reloj o temporizador para señalar el comienzo de la rutina (p. ej. cepillarse los dientes, ponerse el pijama).

Apagar la TV

Apague el televisor por lo menos 30 minutos antes de comenzar la rutina para ir a la cama.

Leer en voz alta

Lea en voz alta un capítulo de un libro largo; de este modo dará continuidad a la rutina.

En el siguiente cuadro se indica qué cantidad de sueño necesitan los niños.

Edad	Sueño necesario
1 a 3 años	12 a 14 horas
3 a 5 años	11 a 13 horas
5 a 12 años	10 a 11 horas

Una última idea...

Prepárese para el día siguiente (ropa, libros, etc.) como parte de su rutina de la noche. Así, su rutina de la mañana será más tranquila.

Las **10**

cosas más importantes que su hijo de segundo grado debe saber

1. **Estrategias para lectura de palabras** (p. ej. vocales cortas y largas, grupos de vocales más comunes— *ea, ae, ie*)

2. **Literatura** de todo el mundo (p. ej. cuentos populares, cuentos de hadas, mitos clásicos)

3. **Escritura** en diversos géneros (p. ej. cartas, entradas de diario, informes de libros)

¡Lectura
dondequiera!

Su hijo desarrolla vocabulario de lectura todos los días. Usted tiene poco tiempo; sin embargo, cuando está haciendo diligencias o esperando en una fila hay muchas oportunidades para reforzar las aptitudes de lectura de su hijo. ¡Sólo mire a su alrededor!

Estos juegos ayudarán a
mejorar la lectura de su hijo.

Jugar a Estoy pensando en...

Desafiarse el uno al otro, dando pistas como "Estoy pensando en una fruta que comienza siendo verde y se vuelve amarilla".

Jugar a las categorías

Pida a su hijo que busque palabras en letreros o paquetes dentro de una categoría. La categoría puede ser "frutas". Desafíe a su hijo a que encuentre palabras como *banana, manzana* y *kiwi* en toda la tienda.

Jugar a encontrar el alimento

Deletrear alimentos para desafiarse el uno al otro. Por ejemplo: "Busca el alimento que se deletrea *p-a-n*".

Jugar a decir si es verbo o adverbio

Diga una palabra y pida a su hijo que le diga si es un verbo o un adverbio.

Una última idea...
¡"Kids Learn! Sight Words 1–300" es una aplicación fantástica para practicar y divertirse con palabras "visuales"! Está disponible para algunos dispositivos.

Hora
de lectura

Este es el año para comenzar a leerle libros más largos a su hijo, quien se beneficiará de que usted o un hermano mayor le lea en voz alta pasajes más largos de un libro de manera expresiva. Es posible que tenga que buscar tiempo para la lectura, ¡pero valdrá la pena!

Estas actividades ayudarán
a mejorar la lectura de su hijo.

Lectura en voz alta

Pida a su hijo que lea un libro en voz alta a un pariente por *videochat*, por teléfono o como *podcast*.

Multitareas

Pida a su hijo que le lea en voz alta mientras usted realiza quehaceres domésticos o cocina.

En el camino

Mantenga una biblioteca de libros en el auto, o pida prestados audiolibros en la biblioteca.

Compare y contraste

Compare un libro con la versión de video o de televisión. Por ejemplo, *The Cat in the Hat*, del Dr. Seuss ¿En qué se parecen? ¿En qué se diferencian?

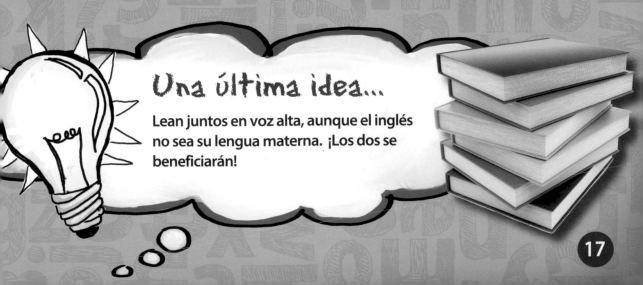

Una última idea...

Lean juntos en voz alta, aunque el inglés no sea su lengua materna. ¡Los dos se beneficiarán!

Una biblioteca
en casa

Formar una biblioteca en casa puede ser una manera excelente de ayudar a su hijo a descubrir el amor por la lectura. Su bibliotecario puede ayudarlo con ideas de libros. Pídale listas de libros premiados y de autores recomendados de libros para niños menores avanzados. Haga de la biblioteca en casa un proyecto familiar.

Estas son algunas ideas
de lugares donde buscar libros.

Tiendas de artículos de segunda mano • Librerías de libros usados

Ventas de depósito • Ventas de pasillo

¡Estos son algunos libros buenos que su hijo de segundo grado podría disfrutar!

Magic Tree House Series,
por Mary Pope Osborne

Skippyjon Jones, por Judy Schachner

The Fire Cat, por Esther Averill

Amos and Boris, por William Steig

Junie B. Jones,
por Barbara Park

How the Camel Got His Hump,
por Rudyard Kipling

Fancy Nancy,
por Jane O'Connor

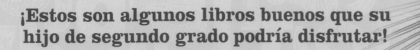

Una última idea...

Involucre a toda la familia en la creación de un área de lectura donde todos puedan leer y compartir sus libros favoritos.

¡Hora de deletrear
y escribir!

Los niños de segundo grado deben escribir todos los días. Tener un buen vocabulario rinde sus frutos a lo largo de la vida. ¡Afortunadamente, vivimos en un mundo lleno de palabras! Por eso, desarrollar el vocabulario es divertido y fácil.

Estas ideas ayudarán a su hijo de segundo grado a divertirse mientras deletrea y escribe.

Artículos de papelería

Pida a su hijo que prepare tarjetas para desear una pronta mejoría, de cumpleaños, de felicitación y de pésame para familiares y amigos. Incentive a su hijo para que les agregue detalles artísticos.

Jugar con la comida

Combine la comida con la práctica de deletreo. Pida a su hijo que forme una palabra con cereales de letras antes de comerlo. Decore una torta con palabras, o forme palabras con macarrones sin cocinar.

Arte en palabras

Practique escribir palabras con artículos de arte como cuerda, palillos de dientes o cintas, o con cualquier cosa que pueda volverse a usar. Guarde un conjunto de artículos en una bolsa de plástico para entretener a su hijo en el restaurante.

Ortografía divertida

Si a su hijo le dan una lista de ortografía semanal, pídale que practique cada palabra escribiéndola con crayones, marcadores o cuentas de arcilla, o en una caja con arena o harina de maíz.

Una última idea...

Aproveche los patrones ortográficos, incluso para las palabras difíciles como *serio* y *serie*. Si su hijo comete un error lógico, como por ejemplo confundir palabras como *tuvo* y *tubo*, elogie su esfuerzo. Luego, simplemente señale que a veces hay que memorizar la forma en que se escribe una palabra.

Las reglas de Ricitos de Oro
para encontrar un libro

Elegir un libro puede ser un desafío para los niños. A veces, los niños quieren leer libros que no siempre son adecuados para que los lean por su cuenta.

Use las reglas de Ricitos de Oro para buscar un libro apropiado:
¡ni demasiado fácil, ni demasiado difícil!

Demasiado fácil

1. He leído el libro muchas veces.

2. Entiendo y puedo volver a contar la historia.

3. Conozco y entiendo casi todas las palabras.

Demasiado difícil

1. Hay cinco o más palabras que no puedo leer en una página.

2. No entiendo qué sucede en la historia.

3. Necesito ayuda para leer este libro.

El libro apropiado

1. El libro es nuevo para mí (está bien volver a leer un libro favorito).

2. Puedo volver a contar y entender lo que leí.

3. Puedo leer la mayoría de las palabras que aparecen en la página, pero hay algunas palabras que debo buscar.

4. Puedo leer el libro por mi cuenta, pero quizá necesite ayuda.

Matemáticas
en acción

La mayoría de los niños de segundo grado necesita practicar aptitudes como medir, contar dinero y geometría básica. Use los momentos de ocio, como cuando están en una tienda o haciendo diligencias, para que su hijo practique esas aptitudes.

Estas son algunas actividades para ayudar a fortalecer las aptitudes matemáticas sobre la marcha.

Encuentre la moneda

Pida a su hijo que identifique las monedas que se necesitan para una compra.

"Esta lata de maíz cuesta 79 centavos. ¿Qué monedas necesitaría para comprarla?"

¿Qué tamaño?

Pida a su hijo que adivine el tamaño de las cosas.

"Esta caja tiene aproximadamente 8 pulgadas de largo. ¿Cuánto crees que tenga de largo esa otra caja?"

¿Qué forma?

Pida a su hijo que identifique y describa formas geométricas, como rectángulos, cuadrados, círculos y triángulos.

"¿Puedes encontrar un letrero que sea un rectángulo? ¿Cuántos lados tiene?"

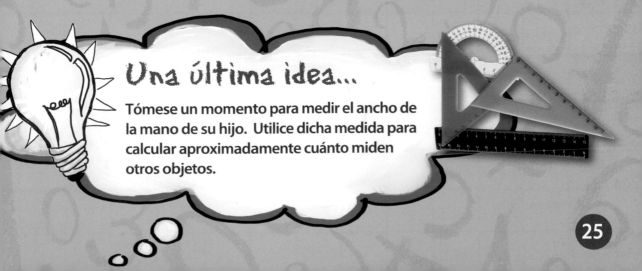

Una última idea...

Tómese un momento para medir el ancho de la mano de su hijo. Utilice dicha medida para calcular aproximadamente cuánto miden otros objetos.

Matemáticas
en casa

Los niños de segundo grado están afianzando sus aptitudes para sumar y restar. Están dando el gran salto a las matemáticas mentales. Ayude a su hijo a tener confianza durante la transición.

Estas son algunas actividades para ayudar a construir las aptitudes matemáticas mientras están en casa.

Problemas de matemáticas para hornear

Convierta la cocina y el horneado en problemas de matemáticas.

"En esta receta se necesita 1 cucharadita de vainilla y 1 cucharada de canela. ¿Cuál tiene más?"

Matemáticas de comestibles

Pida a su hijo que cuente y clasifique los objetos al sacar los comestibles que compraron.

"¿Cuántas cosas redondas compramos?"

Matemáticas en la mesa

Convierta las tareas cotidianas en problemas de matemáticas.

"Hay 4 personas en nuestra familia. Necesitamos 4 cucharas para la sopa y 4 cucharas para el helado. ¿Cuántas cucharas necesitamos para cada persona? ¿Y en total?"

Matemáticas líquidas

Haga una introducción a las mediciones de líquidos mientras realiza los quehaceres domésticos.

"¿Cuántas onzas hay en estas botellas? ¿Cuántas onzas hay en estas latas? ¿Cuál recipiente contiene más? ¿Cuál contiene menos?"

Una última idea...

Con el tiempo, su hijo de segundo grado necesitará memorizar operaciones de multiplicación. Use este año para que su hijo desarrolle la comprensión de la multiplicación como atajo de la suma.

Suma y resta
de dos dígitos

Los niños de segundo grado están aprendiendo a sumar y restar números de dos dígitos por medio de la reagrupación. ¡Es una aptitud importante que utilizarán por el resto de sus vidas!

Resta

decenas	unidades		decenas	unidades	Verificación: decenas	unidades
☐	☐		5	14	1	
6	4	→	6	4	→ 4	5
- 1	9		- 1	9	+ 1	9
			4	5	6	4

Suma

decenas	unidades		decenas	unidades
☐			1	
3	7	→	3	7
+ 2	5		+ 2	5
			6	2

Practique estos problemas con su hijo.

Suma

1. **46 + 57**
2. **31 + 72**
3. **90 + 99**
4. **88 + 88**

5. **85 + 37**
6. **25 + 97**
7. **54 + 66**
8. **33 + 75**

Resta

1. **97 – 68**
2. **60 – 58**
3. **53 – 49**
4. **31 – 18**

5. **96 – 77**
6. **80 – 24**
7. **72 – 15**
8. **92 – 36**

Ciencia
a nuestro alrededor

Durante este año escolar, los niños de segundo grado explorarán el mundo de manera más formal. Comprenderán cómo las máquinas simples afectan el movimiento. Estudiarán los ciclos vitales de plantas y animales. Aprenderán sobre los recursos de la Tierra. ¡Su hijo de segundo grado se dará cuenta de que la ciencia está a nuestro alrededor!

Estas actividades ayudarán a su hijo a pensar de manera científica y crítica.

¡Encuéntralo!

Cuando salga con su hijo, busque ejemplos de los recursos de la Tierra que se utilizan para fabricar otras cosas. Por ejemplo, las plantas nos proporcionan el alimento que comemos, los árboles suministran materiales de construcción para nuestras casas y con el petróleo que yace en las profundidades de la Tierra se hace la gasolina para los autos.

¡Constrúyelo!

Los balancines, las rampas, las ruedas y los ejes (de los autos) y las poleas (de las bicicletas) son todas máquinas simples. Hable con su hijo de las máquinas simples. Luego, construyan una con bloques. Puede ser tan sencilla como un auto de juguete deslizándose por una rampa.

¡Plántalo!

Plante algo simple con su hijo y véalo crecer. ¡Los tirabeques son fáciles de plantar y saben muy bien! Hablen de por qué la planta necesita agua y sol.

¡Investígalo!

Salga a caminar al aire libre con su hijo de segundo grado e identifique tantos animales como pueda. Luego dígale a su hijo que elija el animal que más le gustó durante la caminata. Vayan a la biblioteca e investiguen juntos el ciclo vital del animal.

Una última idea...

Este es un momento excelente para iniciar una colección de elementos relacionados con la ciencia, como rocas, muestras de suelo, plumas, hojas prensadas o fotografías de animales favoritos.

Aptitudes de
estudios sociales

Su hijo de segundo grado está preparado para desarrollar el sentido de la historia, especialmente en lo que se refiere a su familia. Los niños de segundo grado también desarrollan interés en los personajes de la historia que han afectado sus vidas.

Estas son algunas actividades para ayudar a su hijo a desarrollar la comprensión de la historia.

Días festivos históricos

Hablen sobre el significado de los días festivos nacionales, como por ejemplo el Día de la Independencia. ¿Cuál es la historia detrás de esos días festivos, y por qué los seguimos festejando en la actualidad?

Figuras famosas

Investiguen las figuras o los hechos históricos relacionados con su población o ciudad. Cuando viajen a otros lugares, piensen en aprender sobre las figuras históricas importantes que vivieron allí.

Mapas

Utilice mapas para explorar los lugares donde ustedes vivieron o donde algún pariente vive actualmente. Pida a su hijo de segundo grado que dibuje un mapa simple de su casa o comunidad.

Votación

Su hijo de segundo grado está comenzando a comprender el poder del proceso democrático. Organice una reunión familiar para analizar diversos temas; cada persona tendrá un voto. Haga una comparación con el gobierno de Estados Unidos, donde el presidente (¡y los padres!) se reservan el derecho de veto.

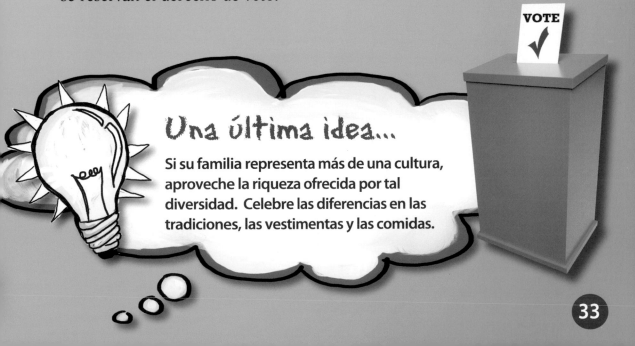

Una última idea...

Si su familia representa más de una cultura, aproveche la riqueza ofrecida por tal diversidad. Celebre las diferencias en las tradiciones, las vestimentas y las comidas.

VOTE ✔

Diversión
después de la escuela

Es posible que su hijo de segundo grado esté preparado para realizar actividades de grupo más organizadas. Encontrar el equilibrio entre sus horarios es un desafío; sin embargo, los grupos organizados pueden ser un modo fantástico de ampliar las oportunidades de aprendizaje de su hijo.

Aquí tiene algunas ideas para ayudar a su hijo a ser más activo socialmente.

Museos

Busque programas organizados en los museos locales. Es una excelente manera de profundizar el interés de su hijo por un área de la ciencia o del arte. Si su museo no cuenta con programas regulares, pida a otro padre e hijo que visiten un museo con su familia.

Actividad física

Asegúrese de que su hijo adquiera algunas aptitudes físicas básicas, como la natación, que le servirán durante toda su vida adulta. Luego pase a los deportes de equipo, como por ejemplo el fútbol.

Pasatiempos del pasado

No olvide la alegría de tener tiempo para jugar a los juegos tradicionales, como Capturar la bandera, Escondite con linterna y *kickball*.

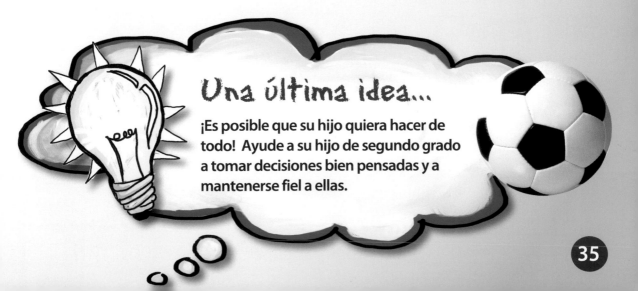

Una última idea...

¡Es posible que su hijo quiera hacer de todo! Ayude a su hijo de segundo grado a tomar decisiones bien pensadas y a mantenerse fiel a ellas.

Aprendizaje
fuera de casa

Si su familia es como la mayoría de las familias, pasa mucho tiempo en el auto. Los juegos de viaje no son únicamente para viajes largos; si se juegan en el camino, pueden ser divertidos y educativos.

Póngale diversión a la parte funcional de su día con estos juegos de aprendizaje.

Caza alfabética

Busquen objetos que empiecen con letras del alfabeto y nómbrenlos por orden alfabético. El jugador identifica el objeto, como por ejemplo "autos", e identifica la letra como la "A". El juego sigue, buscando un objeto que empiece con "B". Esta variación de identificación de letras hace que su hijo piense cómo se escribe la palabra.

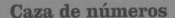

Caza de números

Pida a una persona que elija el número de objetos a contar, como por ejemplo 10 vacas. La primera persona que alcance ese número elige el siguiente grupo de objetos a contar.

Caza de estados

Busque un mapa en blanco de los Estados Unidos en la Internet. Cada vez que su hijo descubra una matrícula de otro estado, haga que marque el estado correspondiente en el mapa. Tenga a mano un mapa completo de los Estados Unidos para usar como referencia.

Una última idea...

Pruebe con variaciones de juegos de memoria, como por ejemplo *I Packed My Suitcase* (Hice mi maleta). (Jugador 1: Hice mi maleta con una manzana. Jugador 2: Hice mi maleta con una manzana y un banjo). Pone a pensar a los niños.

Noches de diversión
en familia

Si bien el aprendizaje es importante, también lo es divertirse juntos en familia. Trate de crear una tradición familiar nueva realizando alguna de las siguientes actividades todas las semanas.

• •

Pruebe estas actividades para llevar diversión y risas a su familia.

Noche de película

¡Luz, cámara, acción! Túrnense para elegir una película para ver en familia una vez por semana. Apaguen las luces, preparen las palomitas de maíz y pónganse el pijama más cómodo. Luego, acurrúquense y disfruten de la película.

Noche de juegos

¿Tenía un juego de mesa favorito cuando era niño? Hoy en día hay cientos de juegos de mesa que las familias pueden jugar. ¡Asegúrese de que el juego sea divertido y apropiado para la edad! Pídale a su hijo que lo ayude a elegir el juego. ¡Si no encuentra uno que le guste, cree el suyo propio!

Escondite con linterna

Esta versión del escondite se juega en la oscuridad. (Asegúrese de que no sea peligroso). El "buscador" parte de una base, como por ejemplo un porche, y cuenta hasta 10 mientras los jugadores se esconden. Luego el buscador descubre a los demás jugadores, siguiéndoles la pista con una linterna. La última persona descubierta se convierte en el buscador.

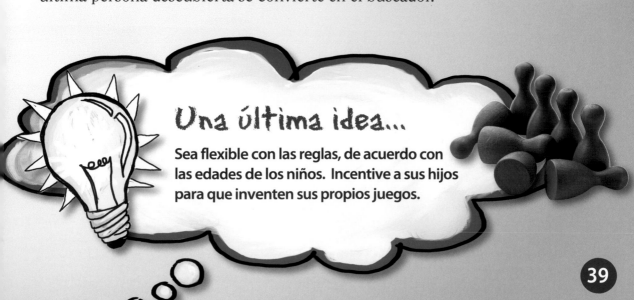

Una última idea...

Sea flexible con las reglas, de acuerdo con las edades de los niños. Incentive a sus hijos para que inventen sus propios juegos.

Querido padre:

Gracias por dedicar tiempo a la lectura de esta colección de actividades y estrategias para integrar el aprendizaje en la vida cotidiana. Guiar a su hijo durante el segundo grado puede ser muy divertido y puede brindar grandes recompensas. El año pasará volando, ¡y pronto estará pensando en qué hacer con su hijo de tercer grado! Mientras tanto, esperamos que estas sugerencias lo ayuden a aprovechar al máximo sus días atareados.

Recuerde que su objetivo principal es mantener ocupado a su hijo mientras aprende, no simplemente mantenerlo ocupado, ¡y mientras tanto, también divertirse un poco!

¡Gracias!